Impressum
Verlag: BABADADA GmbH, Nedderfeld 112 , 22529 Hamburg
Geschäftsführer / Verlagsleitung: Harald Hof
Druck: Books on Demand GmbH, In de Tarpen 42, 22848 Norderstedt

Imprint
Publisher: BABADADA GmbH, Nedderfeld 112 , 22529 Hamburg, Germany
Managing Director / Publishing direction: Harald Hof
Print: Books on Demand GmbH, In de Tarpen 42, 22848 Norderstedt, Germany

skola

School

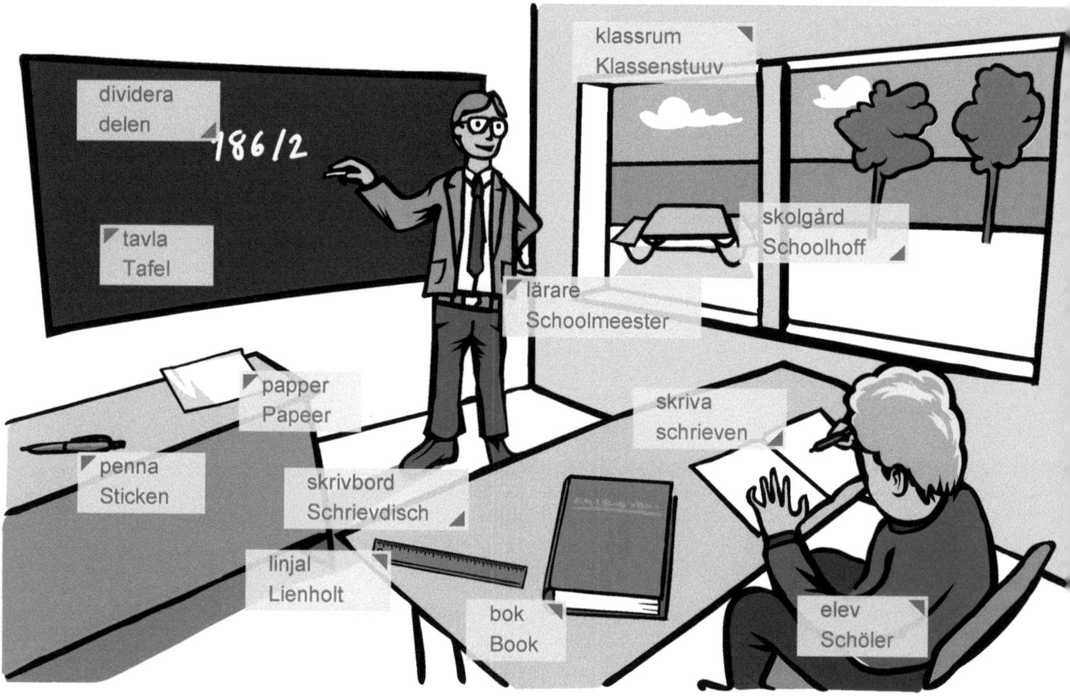

klassrum
Klassenstuuv
dividera
delen
186/2
tavla
Tafel
skolgård
Schoolhoff
lärare
Schoolmeester
papper
Papeer
skriva
schrieven
penna
Sticken
skrivbord
Schrievdisch
linjal
Lienholt
bok
Book
elev
Schöler

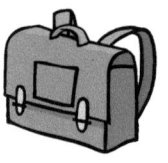

skolväska

Ranzel

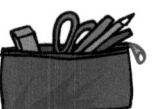

pennfodral

Feddermapp

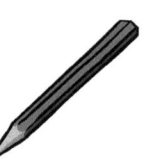

blyertspenna

Bleesticken

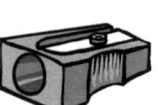

pennvässare

Scharpmaker

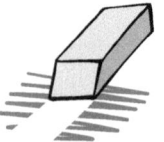

suddgummi

Radeergummi

ritblock

Tekenblock

teckning
Teken

pensel
Pinsel

målarlåda
Malkassen

sax
Scheer

lim
Klever

övningsbok
Heft to'n Öven

hemläxa
Huusopgaav

12

tal
Tall

2+2

addera
tohooptellen

5-2

subtrahera
aftrecken

2×2

multiplicera
malnehmen

räkna
reken

A

bokstav
Bookstaav

ABCDEFG
HIJKLMN
OPQRSTU
VWXYZ

alfabet
ABC

hello

ord
Woort

text

Text

läsa

lesen

krita

Kried

lektion

Stunn

register

Klassenbook

prov

Pröven

intyg

Tüügnis

skoluniform

Schooluniform

utbildning

Utbillen

uppslagsverk

Nakieksel

universitet

Universität

mikroskop

Mikroskop

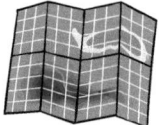

karta

Koort

papperskorg

Papeerkorf

resa
Törn

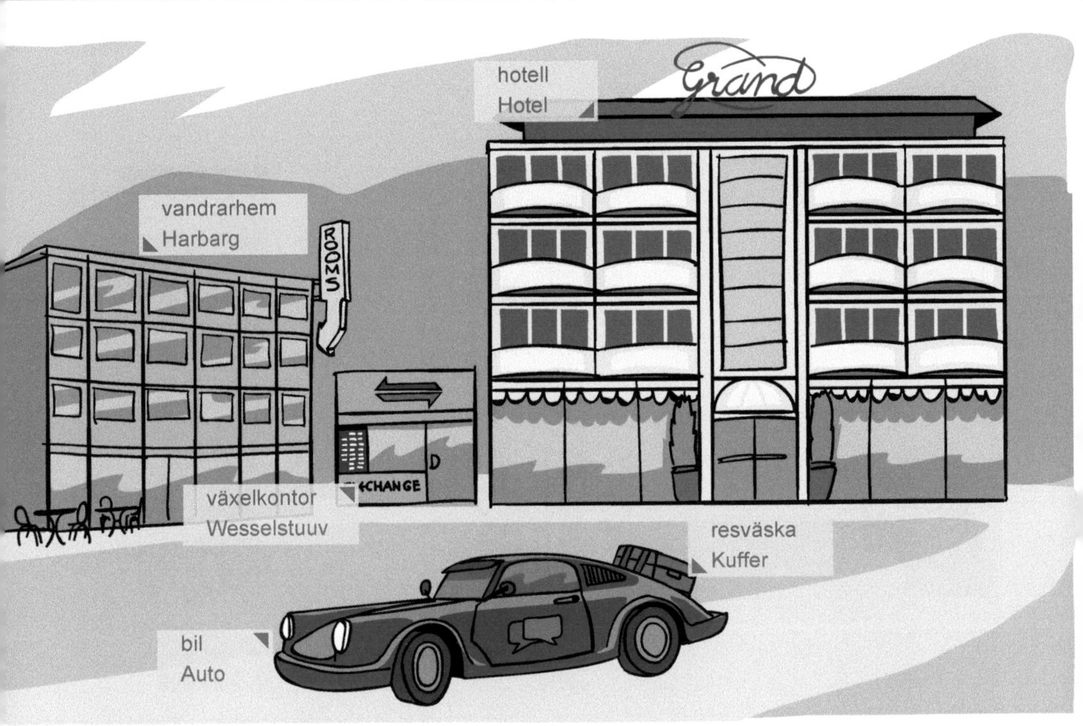

hotell
Hotel
Grand
vandrarhem
Harbarg
ROOMS
växelkontor
Wesselstuuv
resväska
Kuffer
bil
Auto

språk

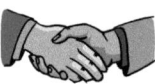

Spraak

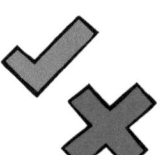

ja / nej

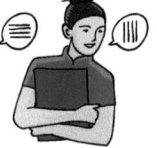

jo / ne

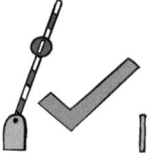

Okay

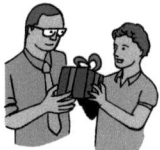

Jo

hej

Moin

översättare

Översetter

Tack

Dank ok

hur mycket kostar…?

Wat kost…?

jag förstår inte

Ik verstah nich

problem

Problem

God kväll!

Goden Avend

God morgon!

Moin!

God natt!

Gode Nacht!

hejdå

Tschüüs

riktning

Richt

bagage

Bagaasch

väska

Tasch

ryggsäck

Rüchsack

gäst

Gast

rum

Stuuv

sovsäck

Slaapsack

tält

Telt

turistinformation

Touristeninformatschoon

strand

Strand

kreditkort

Kreditkoort

frukost

Fröhstück

lunch

Meddageten

middag

Avendeten

biljett

Fohrkort

hiss

Fohrstohl

frimärke

Breefmark

gräns

Grenz

tull

Toll

ambassad

Bottschop

visum

Visum

pass

Pass

transport
Transport

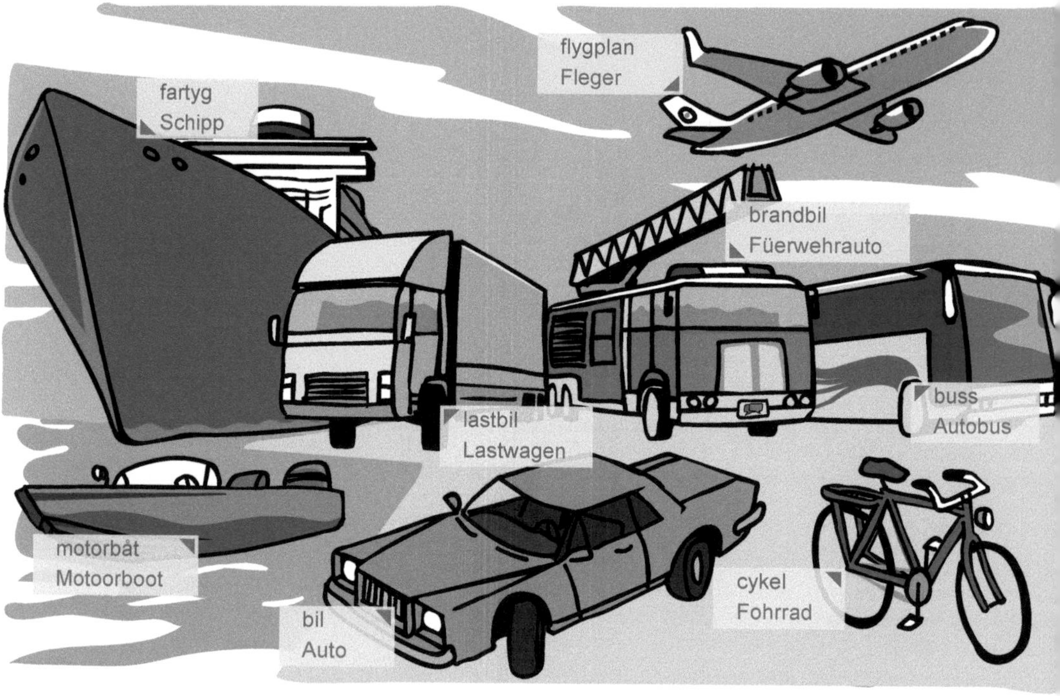

flygplan
Fleger
fartyg
Schipp
brandbil
Füerwehrauto
lastbil
Lastwagen
buss
Autobus
motorbåt
Motoorboot
cykel
Fohrrad
bil
Auto

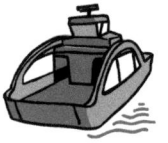

färja

Fähr

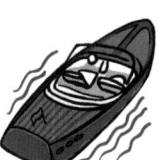

båt

Boot

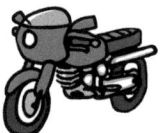

motorcykel

Motoorrad

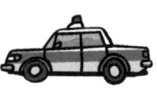

polisbil

Polizeiauto

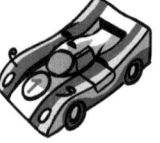

racerbil

Rönnauto

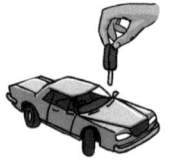

hyrbil

Lehnwagen

bilpool

Carsharing

bärgningsbil

Afsleepwagen

sopbil

Müllauto

motor

Motoor

bränsle

Kraftstoff

bensinstation

Tanksteed

vägmärke

Verkehrsschild

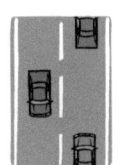

trafik

Verkehr

bilkö

Stau

parkeringsplats

Afstellplatz

tågstation

Bahnhoff

räls

Sporen

tåg

Tog

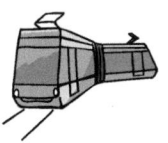

spårvagn

Stratenbahn

vagn

Wagon

helikopter

Dwarsmöhl

flygplats

Flooghaven

torn

Tower

passagerare

Fohrgast

container

Grootkist

kartong

Karton

vagn

Koor

korg

Korf

starta / landa

starten / lannen

stad

Stadt

by

Dörp

centrum

Binnenstadt

hus

Huus

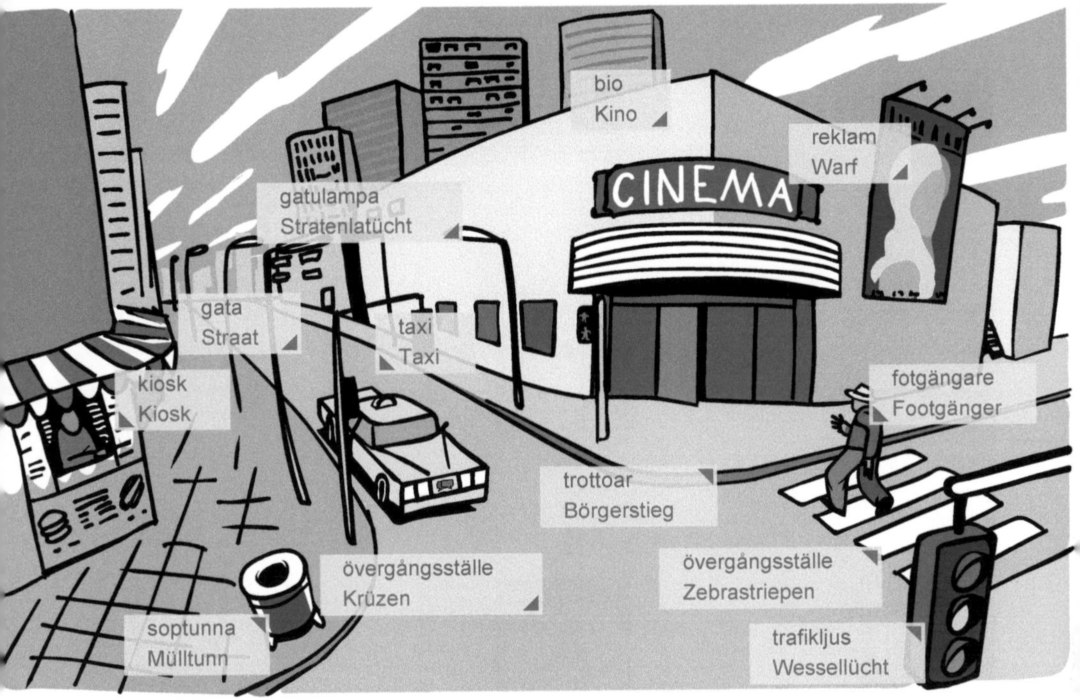
CINEMA
bio
Kino
reklam
Warf
gatulampa
Stratenlatücht
gata
Straat
taxi
Taxi
kiosk
Kiosk
fotgängare
Footgänger
trottoar
Börgerstieg
övergångsställe
Krüzen
övergångsställe
Zebrastriepen
soptunna
Mülltunn
trafikljus
Wessellücht

stuga

Hütt

lägenhet

Wahnung

tågstation

Bahnhoff

stadshus

Raathuus

MUSEUM

museum

Museum

skola

School

universitet

Universität

bank

Bank

sjukhus

Krankenhuus

hotell

Hotel

apotek

Afteek

kontor

Büro

bokhandel

Bookhökerie

affär

Hökerie

blomsterbutik

Blomenhökerie

stormarknad

Supermarkt

marknad

Markt

varuhus

Koophuus

fiskhandlare

Fischhökerie

köpcentrum

Inkoopszentrum

hamn

Haven

stad - Stadt

park

Parkanlaag

bänk

Bank

brygga

Brüch

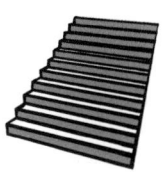

trappa

Trepp

tunnelbana

Ünnergrundbahn

tunnel

Tunnel

busshållplats

Busstoppsteed

bar

Bar

restaurang

Spieslokal

brevlåda

Breefkassen

gatuskylt

Stratenschild

parkeringsautomat

Parkklock

zoo

Deertenpark

simbassäng

Baadanstalt

moské

Moschee

bondgård
Buernhoff

förorening
Ümweltversmudden

kyrkogård
Karkhoff

kyrka
Kark

lekplats
Speelplatz

tempel
Tempel

landskap
Landschop

löv
Blatt

vägskylt
Wiespahl

väg
Weg

äng
Wisch

sten
Steen

liftare
Wannerer

träd
Boom

flod
Fluss

gräs
Gras

blomma
Bloom

dal

Daal

kulle

Barg

sjö

See

skog

Holt

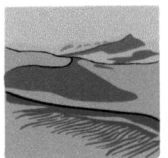

öken

Wööst

vulkan

Füerspien Barg

slott

Slott

regnbåge

Regenbagen

svamp

Poggenstohl

palm

Palm

mygga

Steekmück

fluga

Fleeg

myra

Miegeemk

bi

Imm

spindel

Spinn

skalbagge

Sebber

groda

Pogg

ekorre

Katteker

igelkott

Swienegel

hare

Haas

uggla

Uul

fågel

Vagel

svan

Swaan

vildsvin

Wildswien

rådjur

Hirsch

älg

Elk

damm

Staudamm

vindkraftverk

Windrad

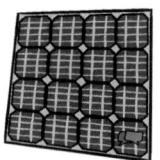

solcellspanel

Solarmodul

klimat

Klima

servitör
Kellner

meny
Spieskoort

stol
Stohl

soppa
Supp

pizza
Pizza

bestick
Bestick

bordsduk
Dischdeek

förrätt

Vörspies

huvudrätt

Haupteten

dessert

Nadisch

drycker

Drünk

mat

Eten

flaska

Buddel

snabbmat

Fastfood

street food

Strateneten

tekanna

Teekann

sockerskål

Zuckerdoos

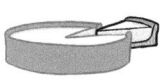

portion

Portschoon

espressomaskin

Espressomaschien

barnstol

Hoochstohl

räkning

Reken

bricka

Tablett

kniv

Mess

gaffel

Gavel

sked

Lepel

tesked

Teelepel

servett

Munddook

glas

Glas

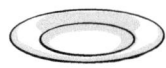

tallrik

Töller

sopptallrik

Suppentöller

tefat

Ünnertass

sås

Sooß

saltkar

Soltstreuer

pepparkvarn

Pepermöhl

vinäger

Etig

olja

Ööl

kryddor

Krüder

ketchup

Ketchup

senap

Mostrich

majonnäs

Mayonnaise

stormarknad
Supermarkt

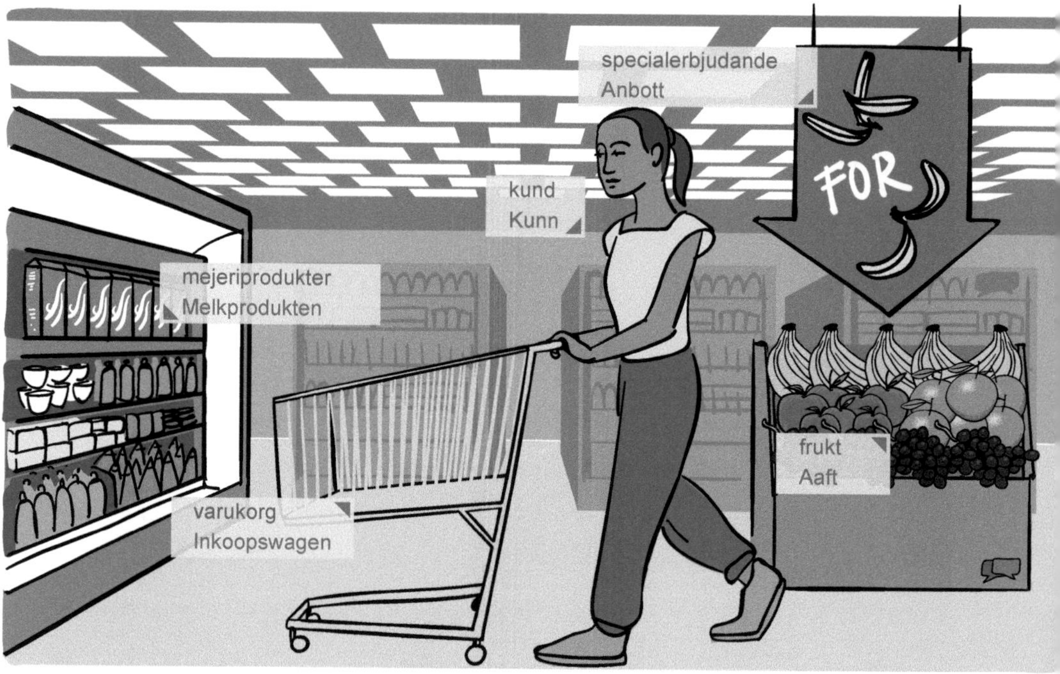

specialerbjudande
Anbott

kund
Kunn

mejeriprodukter
Melkprodukten

frukt
Aaft

varukorg
Inkoopswagen

charkuteri	bageri	väga
Slachterie	Bäckerie	wegen
	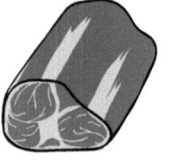	
grönsaker	kött	frysta livsmedel
Gröönsaken	Fleesch	Deepköhlkost

pålägg

Opsnitt

konserver

Konserven

tvättmedel

Waschmiddel

godis

Snoopkraam

hushållsprodukter

Huushooltssaken

rengöringsmedel

Reinmaaktüüch

försäljare

Verköpersche

kassa

Kass

kassör

Kasserer

inköpslista

Inkoopslist

öppettider

Opsparrtieden

plånbok

Breeftasch

kreditkort

Kreditkoort

väska

Tasch

plastpåse

Plastiktüüt

vatten

Water

juice

Saft

mjölk

Melk

cola

Cola

vin

Wien

öl

Beer

alkohol

Spriet

kakao

Kakao

te

Tee

kaffe

Koffie

espresso

Espresso

cappuccino

Cappucino

banan

Banaan

äpple

Appel

apelsin

Appelsien

melon

Meloon

citron

Zitroon

morot

Wöttel

vitlök

Knuuvlook

bambu

Bambus

lök

Zibbel

svamp

Poggenstohl

nötter

Nööt

nudlar

Nudeln

spaghetti

Spaghetti

ris

Ries

sallad

Salat

pommes frites

Pommes frites

stekt potatis

Braadkantüffeln

pizza

Pizza

hamburgare

Hamborger

smörgås

Sandwich

schnitzel

Snitzel

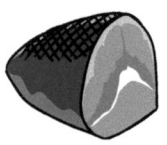

skinka

Schinken

salami

Salami

korv

Wust

kyckling

Hohn

stek

Braden

fisk

Fisch

havregryn

Haverflocken

müsli

Müsli

cornflakes

Cornflakes

mjöl

Mehl

croissant

Croissant

fralla

Rundstück

bröd

Broot

rostat bröd

Toast

kex

Keksen

smör

Botter

kvarg

Quark

kaka

Koken

ägg

Ei

stekt ägg

Spegelei

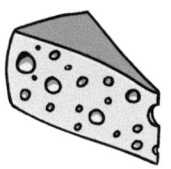

ost

Kees

glass

les

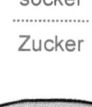

socker

Zucker

honung

Honnig

sylt

Marmelaad

nougatkräm

Nougat-Creme

curry

Curry

bondgård
Buernhoff

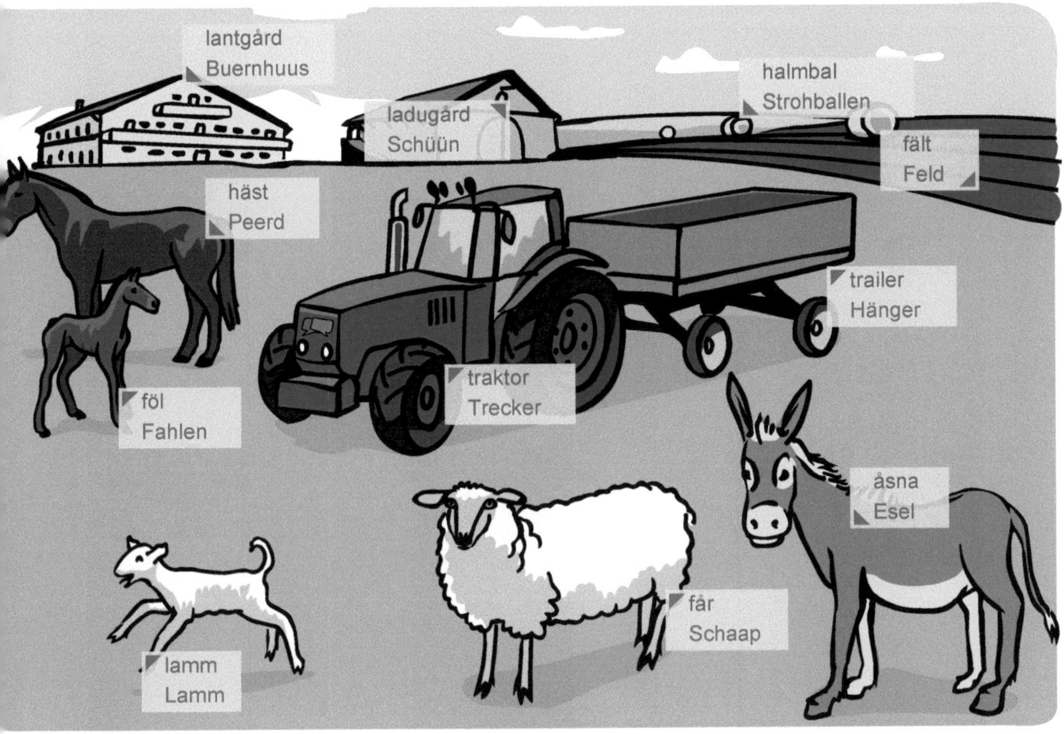
lantgård
Buernhuus
ladugård
Schüün
halmbal
Strohballen
fält
Feld
häst
Peerd
trailer
Hänger
föl
Fahlen
traktor
Trecker
åsna
Esel
får
Schaap
lamm
Lamm

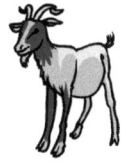

get
Zeeg

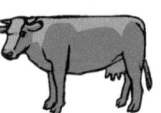

ko
Koh

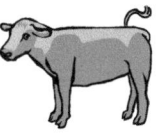

kalv
Kalf

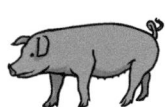

gris
Swien

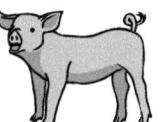

griskulting
Farken

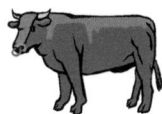

tjur
Bull

gås
Goos

anka
Aant

kyckling
Küken

höna
Hohn

tupp
Hahn

råtta
Rott

katt
Katt

mus
Muus

oxe
Oss

hund
Hund

hundkoja
Hunnenhütt

trädgårdsslang
Goornslauch

vattenkanna
Geetkann

lie
Lee

plog
Ploog

skära
Sich

hacka
Hack

högaffel
Mestfork

yxa
Ext

skottkärra
Schuufkoor

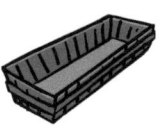

tråg
Trog

mjölkflaska
Melkkann

säck
Sack

staket
Tuun

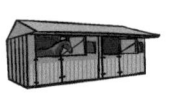

stall
Stall

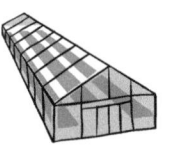

växthus
Drievhuus

jord
Bodden

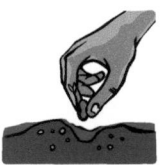

säd
Saat

gödsel
Dünger

skördetröska
Meihdöscher

skörda
oornen

skörd
Oorn

jams
Yamswöttel

vete
Weten

soja
Soja

potatis
Kantüffel

majs
Törksche Weten

raps
Rapp

fruktträd
Aaftboom

maniok
Troopsch Kantüffel

spannmål
Koorn

hus
Huus

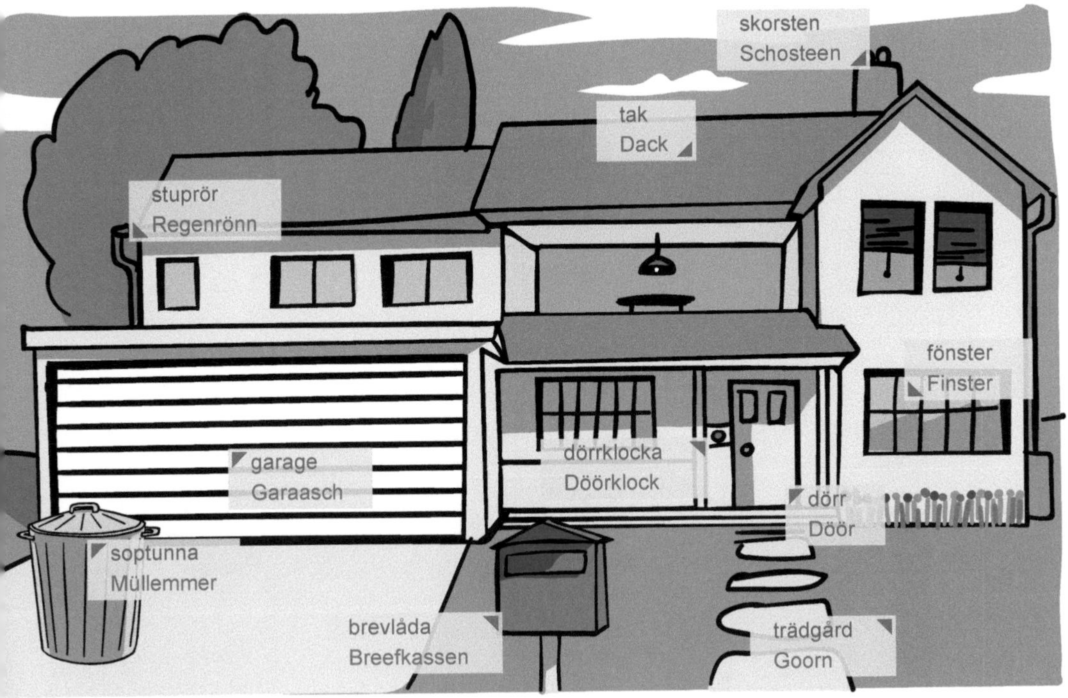

skorsten
Schosteen
tak
Dack
stuprör
Regenrönn
fönster
Finster
garage
Garaasch
dörrklocka
Döörklock
dörr
Döör
soptunna
Müllemmer
brevlåda
Breefkassen
trädgård
Goorn

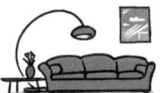

vardagsrum

Wahnstuuv

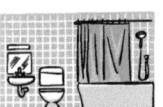

badrum

Baadstuuv

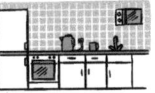

kök

Köök

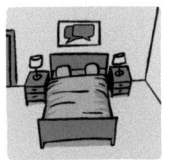

sovrum

Slaapstuuv

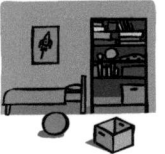

barnrum

Kinnerstuuv

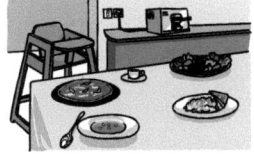

matsal

Eetstuuv

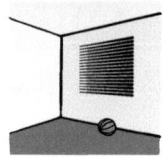

golv

Footbodden

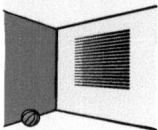

vägg

Wand

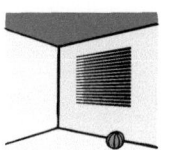

tak

Deek

källare

Keller

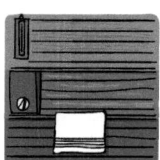

bastu

Hittluftbad

balkong

Balkon

terrass

Terrass

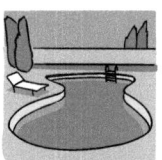

bassäng

Swümmbad

gräsklippare

Rasenmeiher

lakan

Bettbetog

överkast

Bettdeek

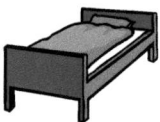

säng

Puuch

kvast

Bessen

hink

Emmer

strömbrytare

Schalter

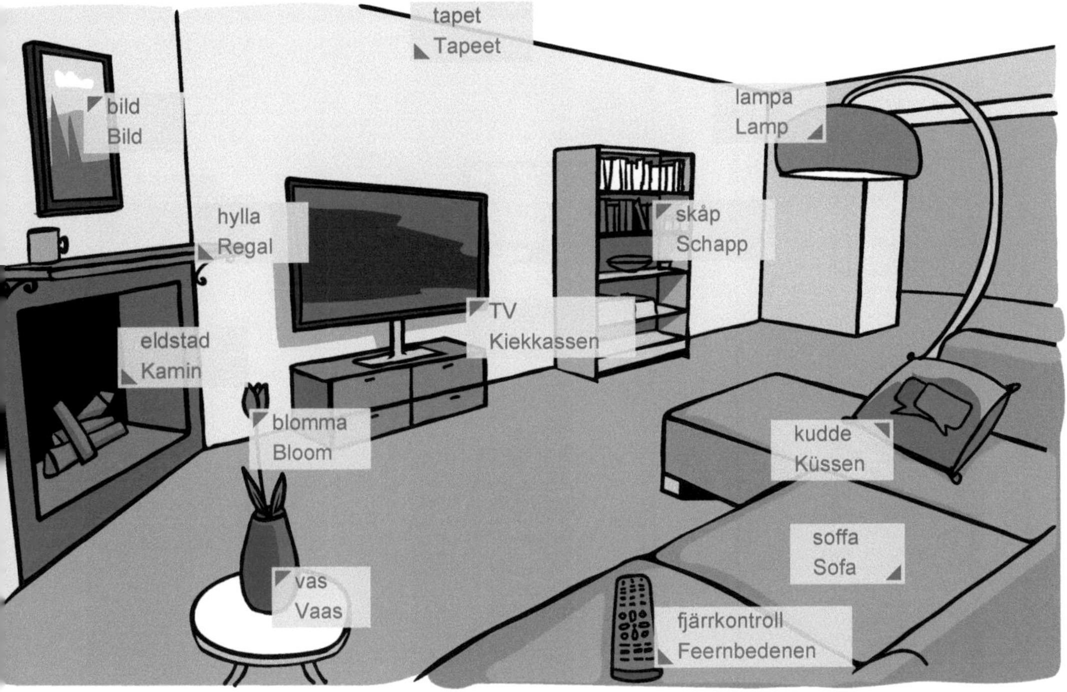

tapet
Tapeet

bild
Bild

lampa
Lamp

hylla
Regal

skåp
Schapp

TV
Kiekkassen

eldstad
Kamin

blomma
Bloom

kudde
Küssen

soffa
Sofa

vas
Vaas

fjärrkontroll
Feernbedenen

matta

Teppich

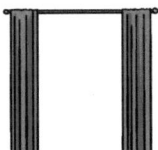

gardin

Vörhang

bord

Disch

stol

Stohl

gungstol

Schuckelstohl

fåtölj

Sessel

bok

Book

filt

Deek

dekoration

Dekoratschoon

vedträ

Füerholt

film

Film

stereoanläggning

Stereoanlaag

nyckel

Slötel

dagstidning

Narichtenblatt

målning

Gemälde

poster

Poster

radio

Radio

anteckningsbok

Opschrievblock

dammsugare

Huulbessen

kaktus

Kaktus

stearinljus

Kars

kök
Köök

kylskåp
Köhlschapp
mikrovågsugn
Mikrowell
köksvåg
Kökenwaag
brödrost
Toaster
rengöringsmedel
Reinmaakmiddel
ugn
Backaven
frys
Gefreerfack
soptunna
Müllemmer
diskmaskin
Opwaschmaschien

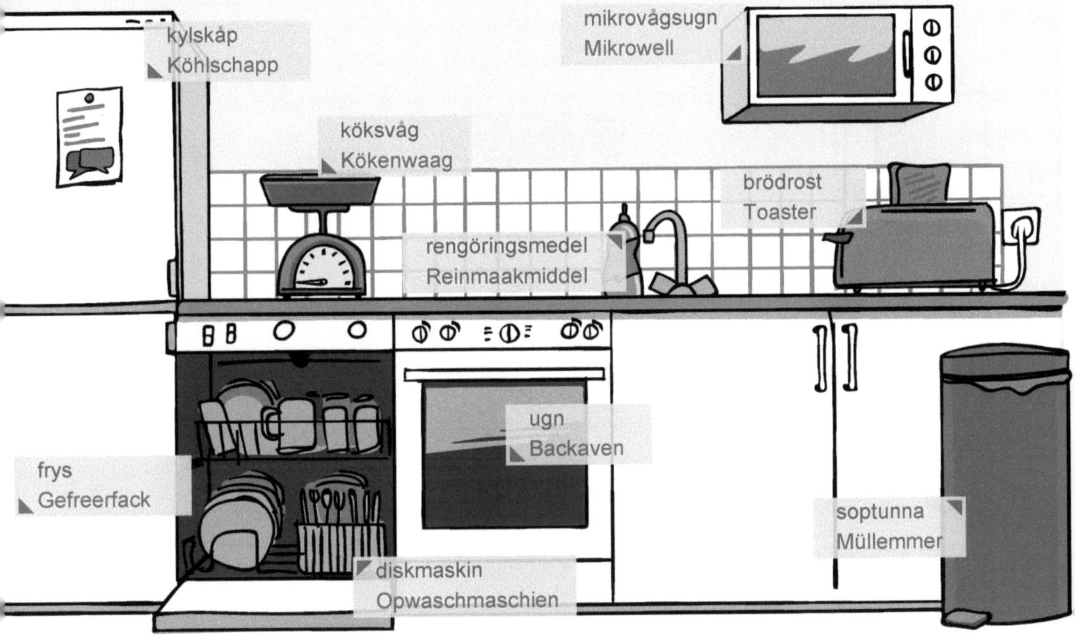

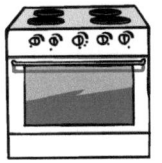

spis

Heerd

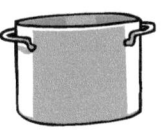

kastrull

Pott

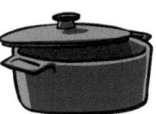

järngryta

Gussiesern Putt

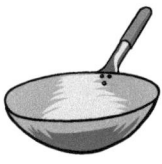

wok / kadai

Wok / Kadai

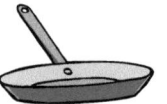

stekpanna

Pann

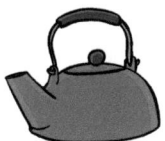

vattenkokare

Waterkaker

ångkokare

Dampkaakputt

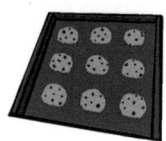

bakplåt

Backblick

porslin

Geschirr

mugg

Beker

skål

Schaal

ätpinnar

Eetsticken

soppslev

Suppenkell

stekspade

Pannenwenner

visp

Sneebessen

durkslag

Kaakseef

sil

Seef

rivjärn

Riev

mortel

Mörser

grill

Grill

brasa

Füerstell

skärbräda
....
Sniedbrett

kavel
....
Nudelholt

korkskruv
....
Proppentrecker

burk
....
Doos

burköppnare
....
Dosenaapner

grytlapp
....
Pottlappen

vask
....
Waschbecken

borste
....
Böst

svamp
....
Swamm

mixer
....
Mixer

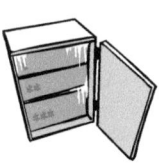

frys
....
lesschapp

nappflaska
....
Nuckelbuddel

kran
....
Waterhahn

badrum
Baadstuuv

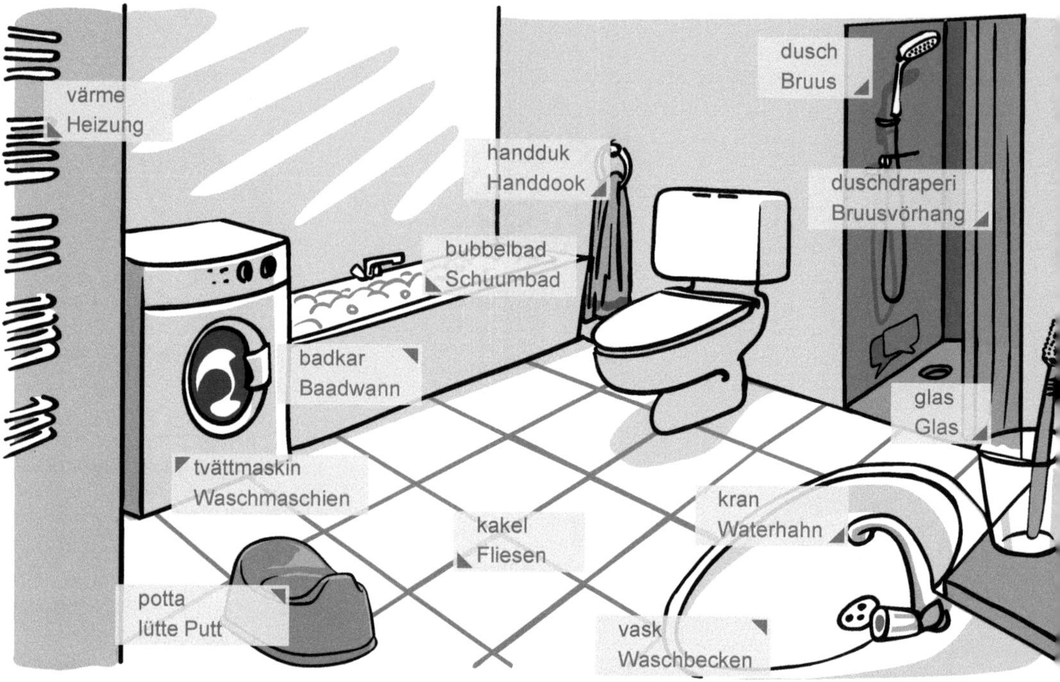

värme
Heizung
dusch
Bruus
handduk
Handdook
duschdraperi
Bruusvörhang
bubbelbad
Schuumbad
badkar
Baadwann
glas
Glas
tvättmaskin
Waschmaschien
kran
Waterhahn
kakel
Fliesen
potta
lütte Putt
vask
Waschbecken

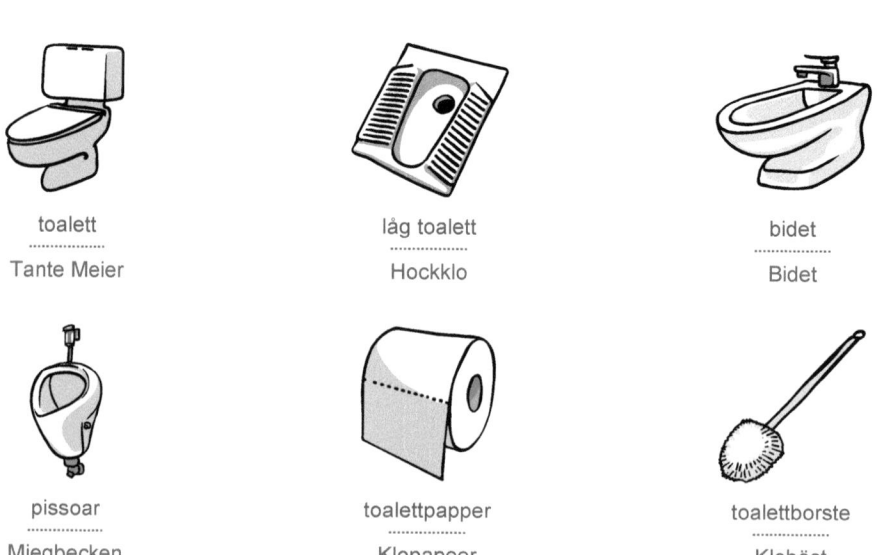

toalett
Tante Meier

låg toalett
Hockklo

bidet
Bidet

pissoar
Miegbecken

toalettpapper
Klopapeer

toalettborste
Kloböst

tandborste

Tähnböst

tandkräm

Tähnpast

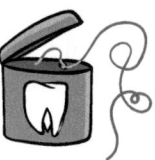

tandtråd

Tähnsied

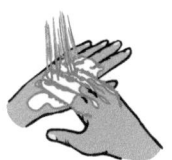

tvätta

waschen

handdusch

Handbruus

intimdusch

Intimbruus

handfat

Waschschöttel

ryggborste

Rüchböst

tvål

Seep

duschgel

Bruusgeel

schampo

Hoorwaschmiddel

trasa

Waschlappen

avlopp

Afloop

crème

Creme

deodorant

Deodorant

spegel

Spegel

handspegel

Kosmetikspegel

rakhyvel

Raserer

raklödder

Raseerschuum

rakvatten

Raseerwater

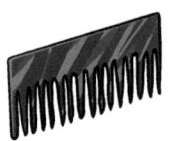

kam

Kamm

borste

Böst

hårtork

Hoordröger

hårspray

Hoorspray

smink

Smink

läppstift

Lippensticken

nagellack

Nagellack

bomullsvadd

Watt

nagelsax

Nagelscheer

parfym

Rüükwater

necessär

Kulturbüdel

pall

Schemel

våg

Waag

badrock

Baadmantel

gummihandskar

Gummihanschen

tampong

Tampon

binda

Damenbinn

kemisk toalett

Chemieklo

barnrum
Kinnerstuuv

väckarklocka
Wecker
gosedjur
Knudeldeert
leksaksbil
Speeltüüchauto
skallra
Klöter
dockhus
Poppenhuus
present
Geschenk

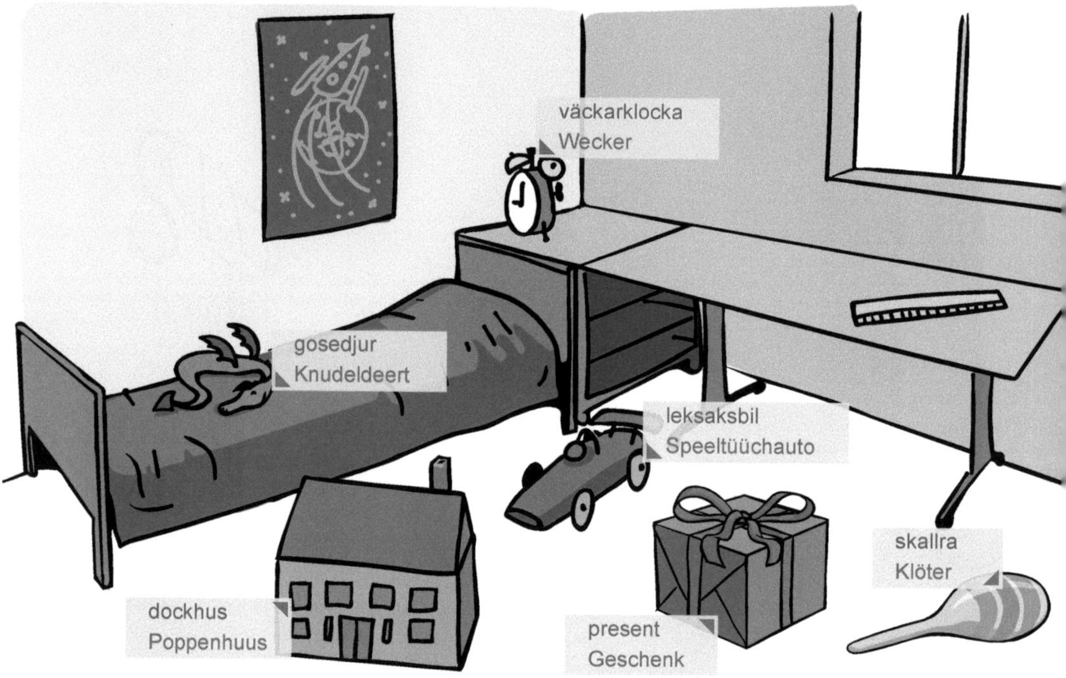

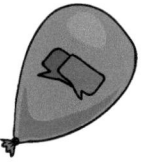

ballong

Luftballon

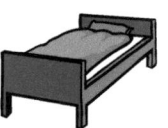

säng

Puuch

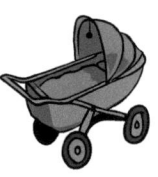

barnvagn

Kinnerwagen

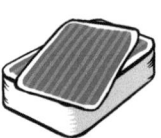

kortlek

Koortenspeel

pussel

Puzzle

SUPER MEGA

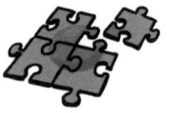

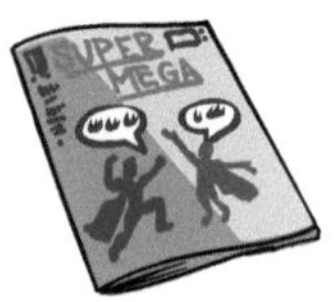

serietidning

Billergeschicht

legobitar

Legostenen

klossar

Bustenen

actionfigur

Action-Figur

sparkdräkt

Strampelantog

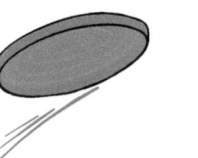

frisbee

Frisbeeschiev

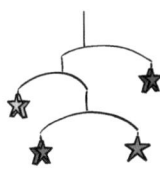

mobil

Mobile

brädspel

Brettspeel

tärning

Wörpel

modelljärnväg

Modelliesenbahn

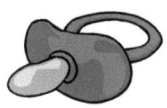

napp

Snuller

party

Party

bilderbok

Billerbook

boll

Ball

docka

Popp

spela

spelen

sandlåda

Sandkassen

gunga

Schuckel

leksaker

Speeltüüch

spelkonsol

Speelkonsool

trehjuling

Dreerad

nalle

Teddyboor

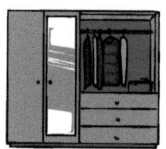

garderob

Klederschapp

sockar

Socken

strumpor

Strümp

tights

Strumpbüx

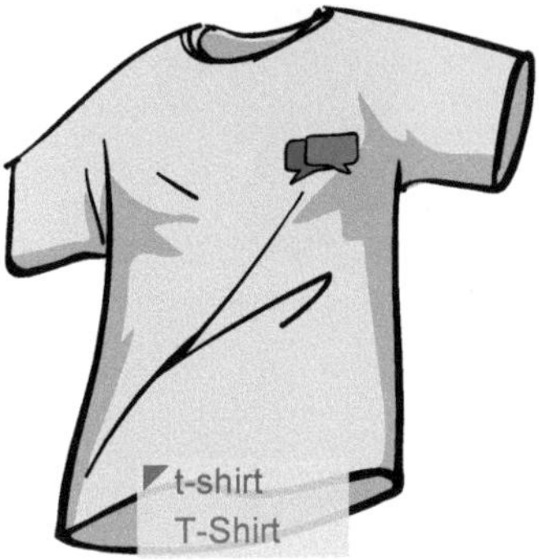

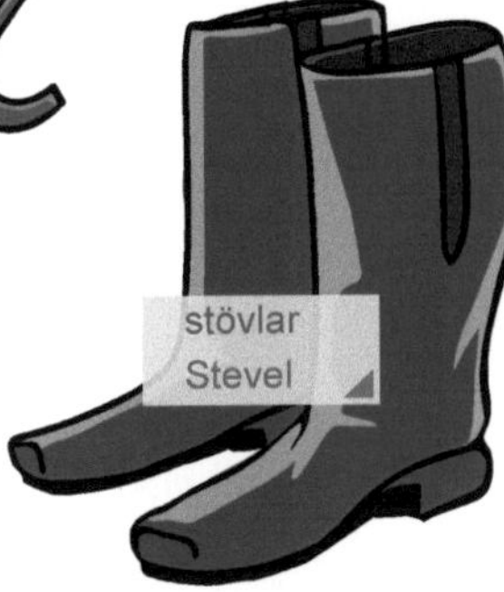

halsduk
Halsdook

bälte
Liefreem

paraply
Paraplü

t-shirt
T-Shirt

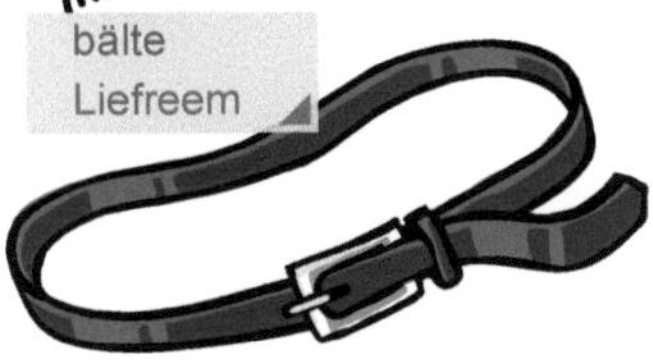

sneakers
Turnschoh

stövlar
Stevel

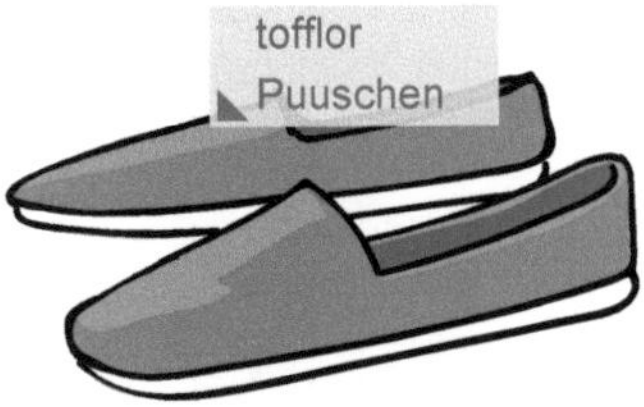

tofflor
Puuschen

sandaler
Sandalen

skor
Schoh

gummistövlar
Gummistevel

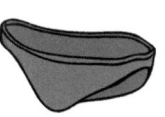

underbyxor
Ünnerbüx

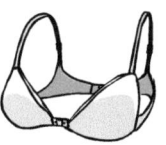

BH
Bostholler

linne
Ünnerhemd

body
Lief

byxor
Büx

jeans
Jeansnüx

kjol
Rock

blus
Bluus

skjorta
Hemd

pullover
Pullover

sweater
Kapuzenpullover

blazer
Blazer

jacka
Jack

kappa
Mantel

regnjacka
Övertrecker

dräkt
Kostüm

klänning
Kleed

bröllopsklänning
Hochtietskleed

kostym

Antog

nattlinne

Nachtkleed

pyjamas

Slaapantog

sari

Sari

slöja

Koppdook

turban

Turban

burka

Burka

kaftan

Kaftan

abaya

Abaya

baddräkt

Baadantog

badbyxor

Baadbüx

shorts

Korte Büx

träningsoverall

Antog to'n Öven

förkläde

Schört

handskar

Handschoh

knapp

Knopp

glasögon

Brill

armband

Armband

halsband

Halskeed

ring

Ring

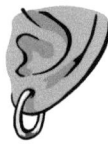

örhänge

Ohrbummel

mössa

Mütz

galge

Klederbögel

hatt

Hoot

slips

Binner

dragkedja

Rietslüter

hjälm

Helm

hängslen

Drachtband

skoluniform

Schooluniform

uniform

Uniform

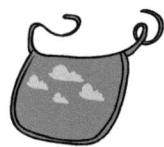

haklapp

Severböten

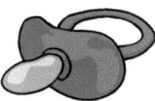

napp

Snuller

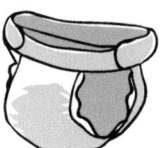

blöja

Winnel

kontor
Büro

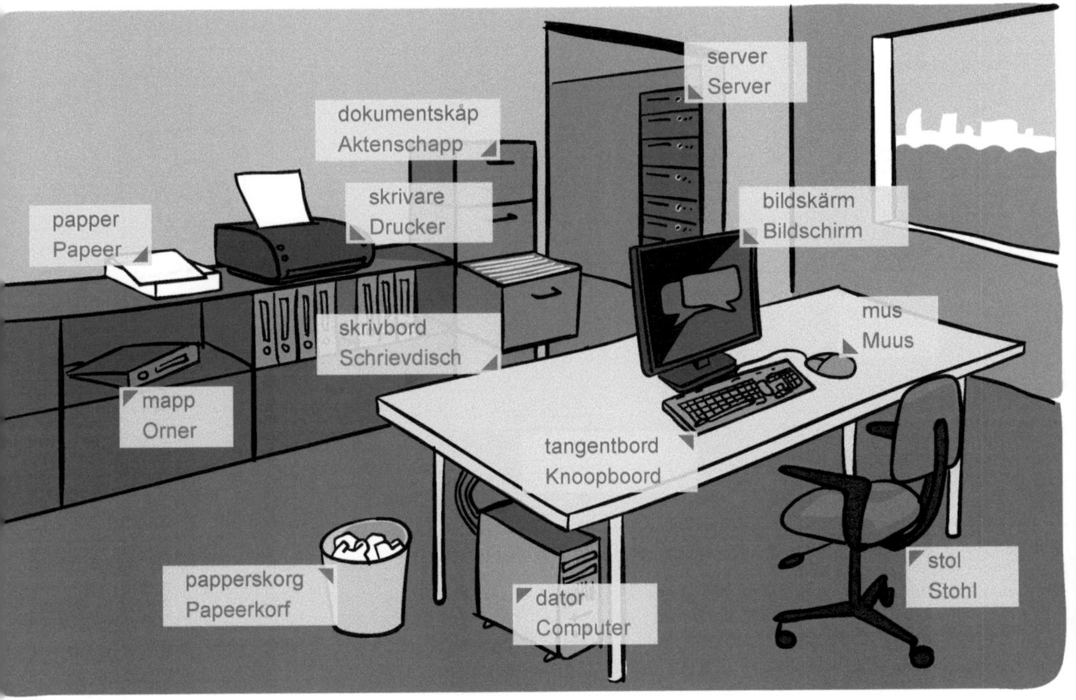
server
Server
dokumentskåp
Aktenschapp
skrivare
Drucker
papper
Papeer
bildskärm
Bildschirm
mus
Muus
skrivbord
Schrievdisch
mapp
Orner
tangentbord
Knoopboord
papperskorg
Papeerkorf
dator
Computer
stol
Stohl

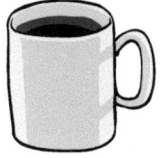

kaffemugg

Koffiebeker

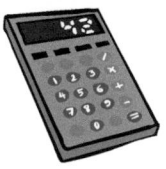

miniräknare

Taschenreekner

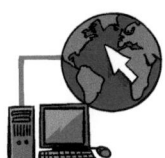

internet

Internet

bärbar dator

Klappreekner

brev

Breef

meddelande

Naricht

mobiltelefon

Ackersnacker

nätverk

Nettwark

kopieringsapparat

Kopeerapparat

programvara

Software

telefon

Klöönkassen

vägguttag

Steekdoos

fax

Faxapparat

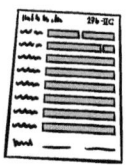

blankett

Formulor

dokument

Dokument

köpa

köpen

betala

betahlen

handla

hanneln

pengar

Geld

dollar

Dollar

euro

Euro

yen

Yen

rubel

Ruvel

schweizisk franc

Swiezer Franken

renminbi yan

Renminbi Yuan

rupie

Rupie

bankomat

Geldautomat

växelkontor

Wesselstuuv

guld

Gold

silver

Sülver

olja

Ööl

energi

Energie

pris

Pries

kontrakt

Verdrag

skatt

Stüer

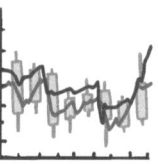

aktie

Andeelschien

arbeta

arbeiden

anställd

Anstellte

arbetsgivare

Arbeitgever

fabrik

Fabrik

affär

Hökerie

polis
Wachtmeester

brandman
Füerwehrmann

kock
Kock

läkare
Dokter

pilot
Fleger

trädgårdsmästare

Goorner

snickare

Discher

sömmerska

Neihersche

domare

Richter

kemist

Chemiker

skådespelare

Schauspeler

busschaufför

Busfohrer

taxichaufför

Taxifohrer

fiskare

Fischer

städerska

Reinmaakfru

takläggare

Dackdecker

servitör

Kellner

jägare

Jäger

målare

Maler

bagare

Bäcker

elektriker

Elektriker

byggarbetare

Buarbeider

ingenjör

Ingenieur

slaktare

Slachter

rörmokare

Klempner

brevbärare

Postbüdel

soldat

Suldat

arkitekt

Architekt

kassör

Kasserer

florist

Florist

frisör

Putzbüdel

konduktör

Schaffner

mekaniker

Mechaniker

kapten

Kaptein

tandläkare

Tähndokter

vetenskapsman

Wetenschopler

rabbin

Rabbi

imam

Imam

munk

Mönk

präst

Paap

verktyg
Warktüüch

hammare
Hamer
tång
Tang
skruvmejsel
Schruvendreiher
skiftnyckel
Schruvenslötel
ficklampa
Taschenlamp

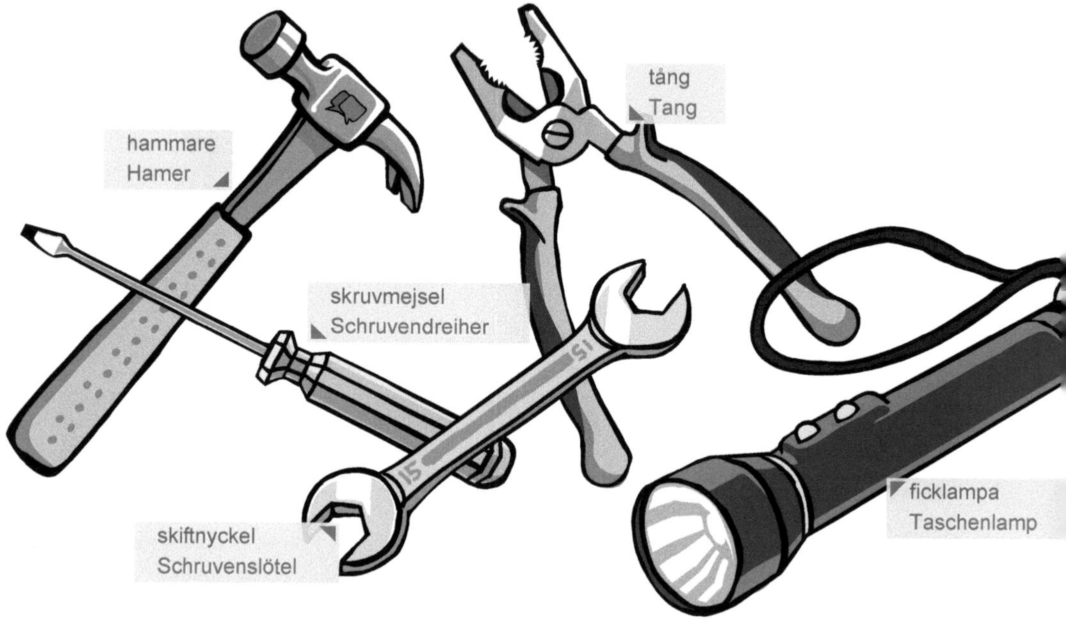

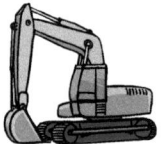

grävmaskin

Grieper

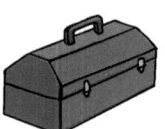

verktygslåda

Warktüüchkassen

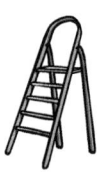

stege

Ledder

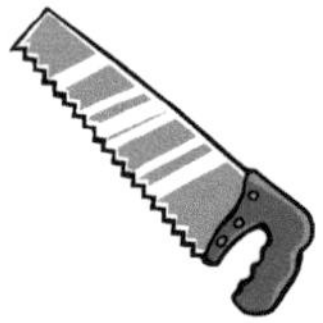

såg

Saag

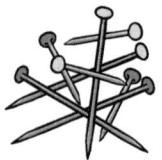

spik

Nagels

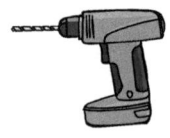

borr

Bohrer

reparera	spade	Helvete!
heelmaken	Schüffel	Schiet!

sopskyffel	färgburk	skruvar
Kehrblick	Farvpott	Schruven

musikinstrument
Musikinstrumenten

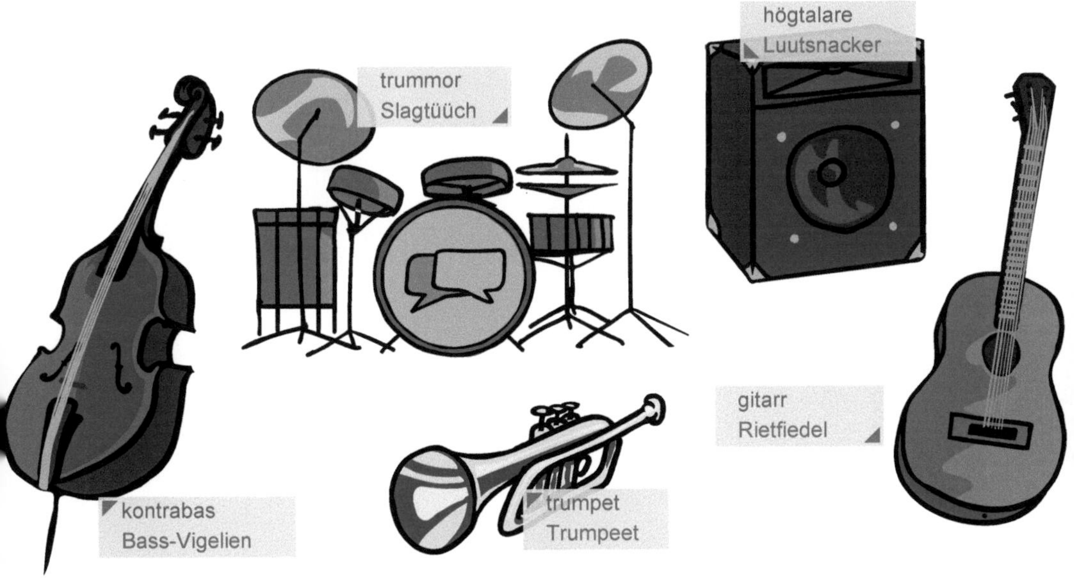

trummor
Slagtüüch

högtalare
Luutsnacker

gitarr
Rietfiedel

kontrabas
Bass-Vigelien

trumpet
Trumpeet

piano

Klaveer

violin

Vigelien

bas

Bass

timpani

Pauk

trumma

Trummeln

keyboard

Keyboard

saxofon

Saxophon

flöjt

Fleut

mikrofon

Mikrofoon

Deertenpark

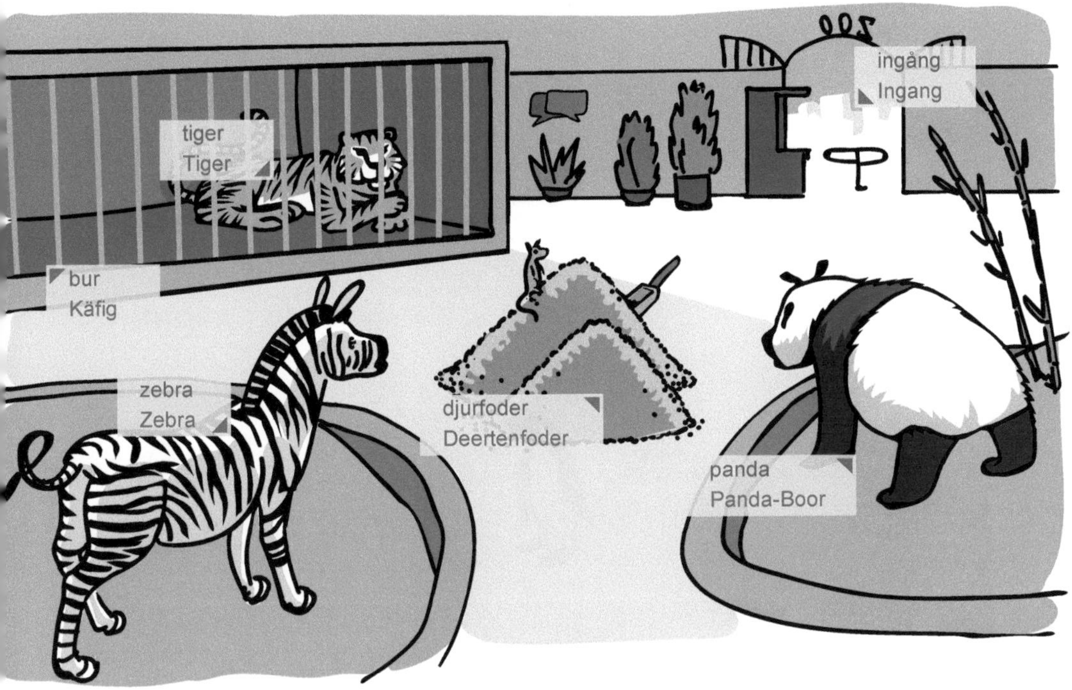

tiger
Tiger
bur
Käfig
zebra
Zebra
djurfoder
Deertenfoder
panda
Panda-Boor
ingång
Ingang
zoo

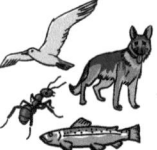

djur

Deerten

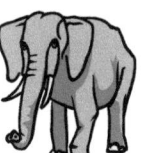

elefant

Elefant

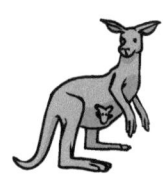

känguru

Känguru

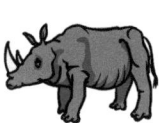

noshörning

Neeshoorn

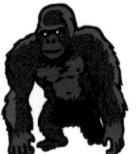

gorilla

Gorilla

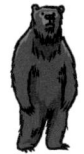

björn

Boor

kamel

Kameel

struts

Struuß

lejon

Lööv

apa

Aap

flamingo

Flamingo

papegoja

Papagoi

isbjörn

lesboor

pingvin

Pinguin

haj

Haifisch

påfågel

Pageluun

orm

Slang

krokodil

Krokodil

djurskötare

Oppasser in'n Deertenpark

säl

Saalhund

jaguar

Jaguor

ponny

Pony

leopard

Leopard

flodhäst

Nilpeerd

giraff

Giraff

örn

Aadler

vildsvin

Wildswien

fisk

Fisch

sköldpadda

Schildkrööt

valross

Walross

räv

Voss

gazell

Gazell

sport
Sport

amerikansk fotboll
Amerikaansch Football

cykling
Radfohren

tennis
Tennis

basket
Korfball

simning
Swümmen

boxning
Boxen

ishockey
Ieshockey

fotboll
Football

badminton
Fedderball

friidrott
Leichtathletik

handboll
Handball

skidåkning
Skilopen

polo
Polo

aktiviteter
Aktivitäten

skratta
lachen
hoppa
springen
krama
ümarmen
gå
gahn
sjunga
singen
drömma
drömen
be
beden
kyssa
snuteln

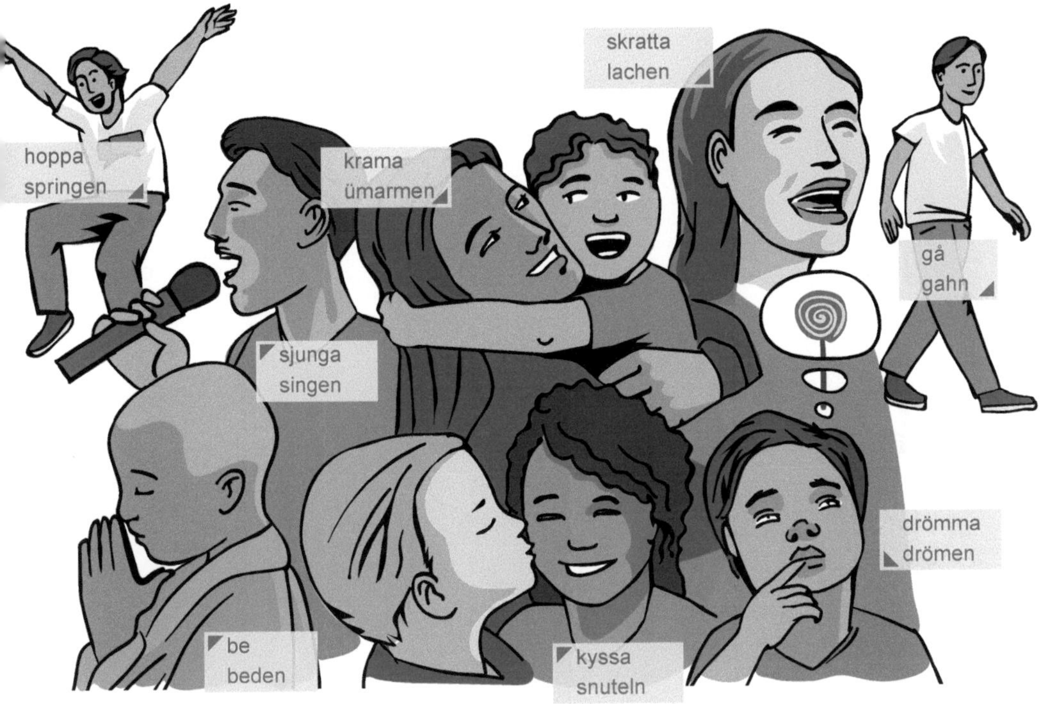

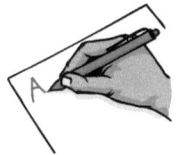

skriva
schrieven

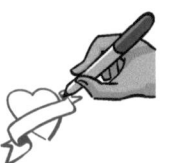

rita
teken

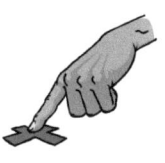

visa
wiesen

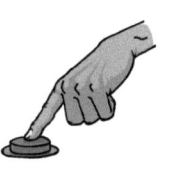

skjuta
drücken

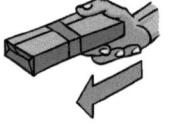

ge
geven

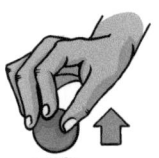

ta
nehmen

hagel

hebben

göra

doon

vara

sien

stå

stahn

springa

lopen

dra

trecken

kasta

smieten

falla

fallen

ligga

liggen

vänta

töven

bära

dregen

sitta

sitten

klä på

antrecken

sova

slapen

vakna

opwaken

se på
ankieken

gråta
wenen

smeka
eien

kamma
kämmen

prata
snacken

förstå
verstahn

fråga
fragen

höra
hören

dricka
drinken

äta
eten

städa
oprümen

älska
leefhebben

laga mat
kaken

köra
fohren

flyga
flegen

segla

segeln

räkna

reken

läsa

lesen

lära sig

lehren

arbeta

arbeiden

gifta sig

de Plünnen tohoopsmieten

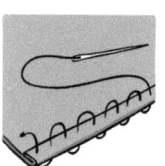

sy

neihen

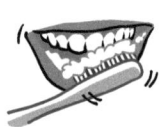

borsta tänderna

Tähnen putzen

döda

dootmaken

röka

smöken

skicka

schicken

familj
Familje

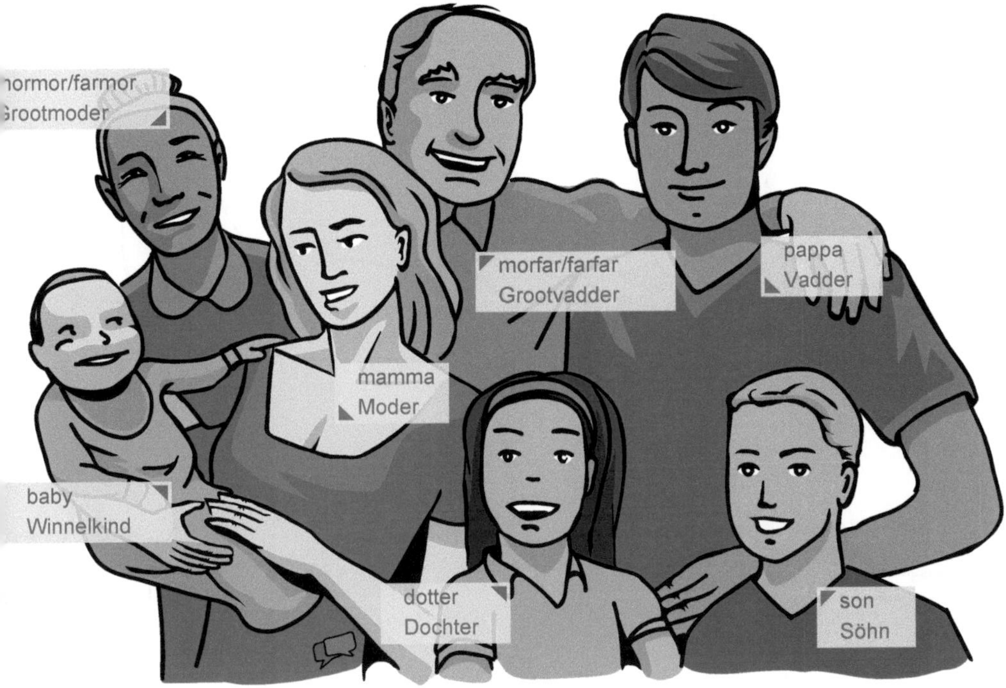

ormor/farmor
rootmoder
morfar/farfar
Grootvadder
pappa
Vadder
mamma
Moder
baby
Winnelkind
dotter
Dochter
son
Söhn

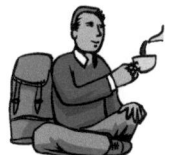

gäst

Gast

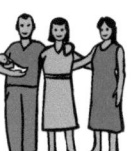

moster/faster

Tant

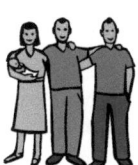

farbror/morbror

Unkel

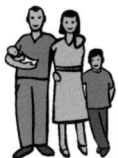

bror

Broder

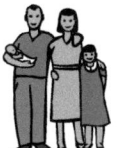

syster

Süster

kropp

Lief

panna
Vörkopp
öga
Oog
skuldra
Schuller
finger
Finger
ansikte
Gesicht
haka
Kinn
hand
Hand
bröst
Bost
ben
Been
arm
Arm

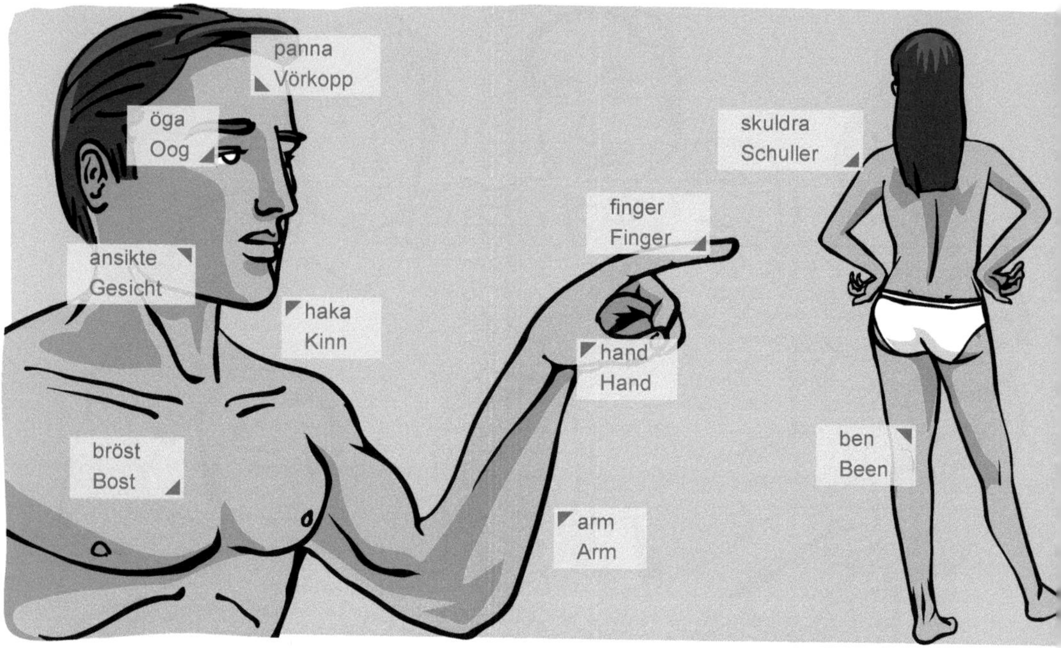

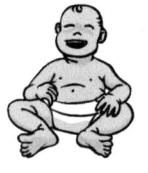

baby

Winnelkind

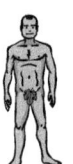

man

Mann

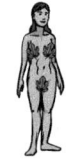

kvinna

Fro

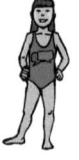

flicka

Deern

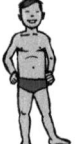

pojke

Jung

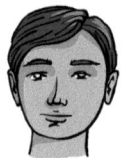

huvud

Arm

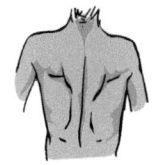

rygg

Rüch

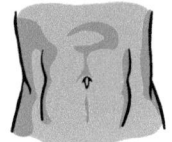

mage

Buuk

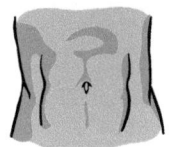

navel

Navel

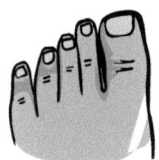

tå

Teh

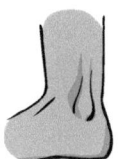

häl

Hack

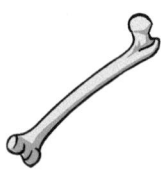

ben

Knaken

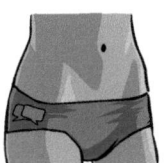

höft

Hüft

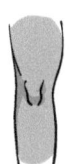

knä

Knee

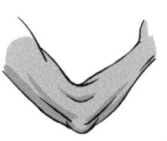

armbåge

Ellbagen

näsa

Nees

stjärt

Achtersen

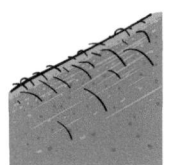

hud

Huut

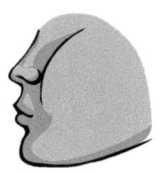

kind

Back

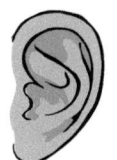

öra

Ohr

läpp

Lipp

mun
Mund

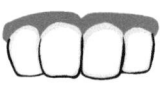

tand
Tähn

tunga
Tung

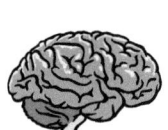

hjärna
Bregen

hjärta
Hart

muskel
Muskel

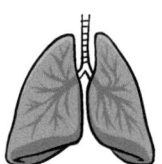

lunga
Lung

lever
Lever

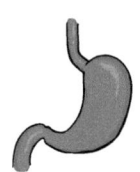

magsäck
Maag

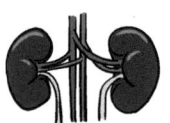

njurar
Neren

sex
Bislaap

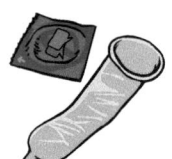

kondom
Kondoom

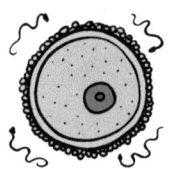

äggcell
Eizell

sperma
Sperma

graviditet
Anner Ümstänn

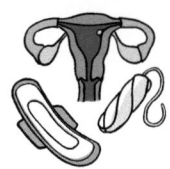

menstruation
Menstruatschoon

vagina
Scheed

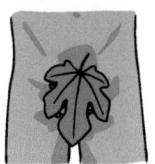

penis
Pint

ögonbryn
Ogenbroe

hår
Hoor

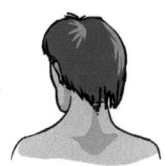

nacke
Hals

sjukhus
Krankenhuus

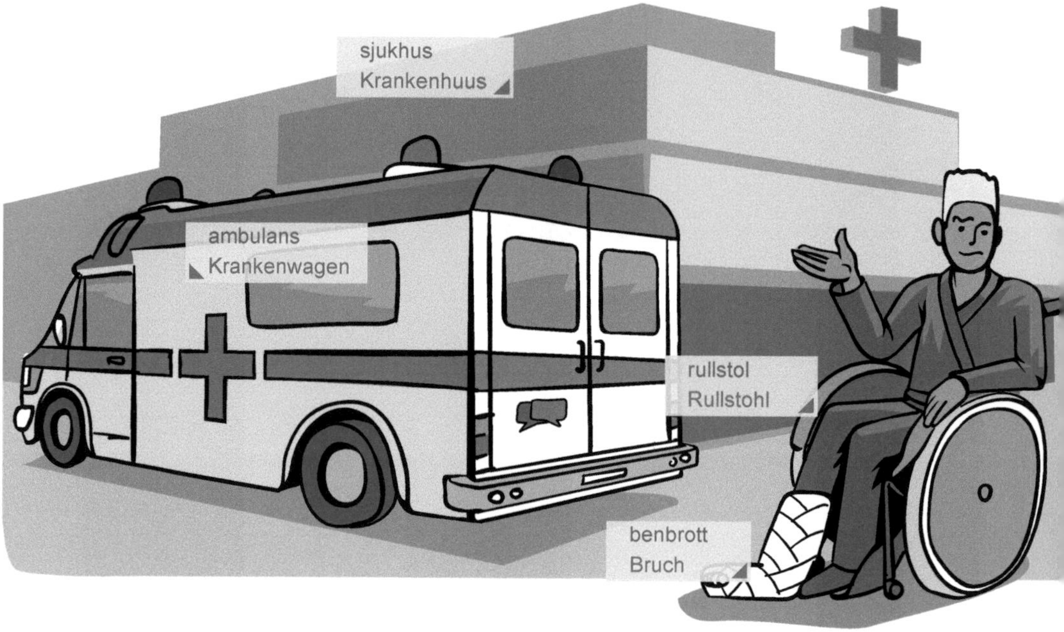

sjukhus
Krankenhuus
ambulans
Krankenwagen
rullstol
Rullstohl
benbrott
Bruch

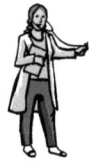

läkare

Dokter

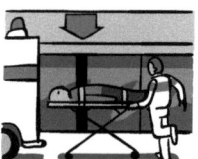

akutmottagning

Nootopnahm

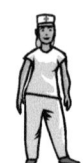

sjuksköterska

Krankensüster

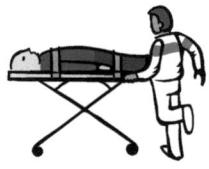

nödsituation

Nootfall

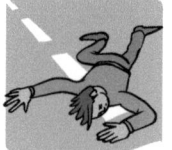

medvetslös

ahnmächtig

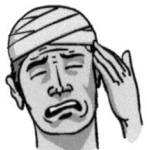

smärta

Wehdaag

skada

Verwunnen

blödning

Blöden

hjärtattack

Hartinfarkt

slaganfall

Slaganfall

allergi

Allergie

hosta

Hoosten

feber

Fever

influensa

Gripp

diarré

Dörchfall

huvudvärk

Koppwehdaag

cancer

Kreeft

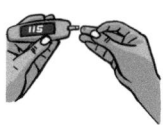

diabetes

Zuckersüük

kirurg

Chirurg

skalpell

Chirurgsch Mess

operation

Operatschoon

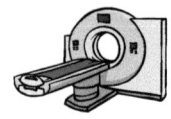

CT

CT

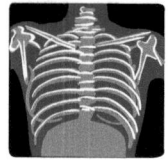

röntgen

Dörchlüchten

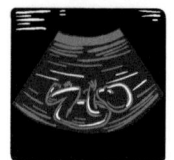

ultraljud

Ultraschall

ansiktsmask

Mask

sjukdom

Krankheit

väntsal

Töövruum

krycka

Krück

plåster

Plaaster

bandage

Verband

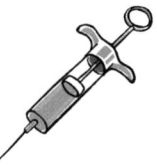

injektion

Insprütten

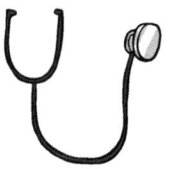

stetoskop

Stethoskop

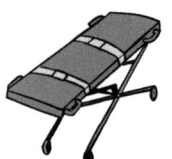

bår

Draag

termometer

Feverthermometer

födsel

Geboort

övervikt

Övergewicht

hörapparat

Höörapparat

desinfektionsmedel

Kiemfriemiddel

infektion

Ansteken

virus

Virus

HIV / AIDS

HIV / AIDS

medicin

Heelmiddel

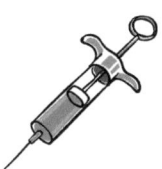

vaccination

Impen

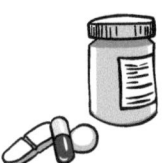

tabletter

Tabletten

p-piller

Pill

nödsamtal

Nootroop

blodtrycksmätare

Blootdruck-Meter

sjuk / frisk

krank / gesund

Hjälp!

Hölp!

alarm

Alarm

överfall

Överfall

misshandel

Angreep

fara

Gefohr

nödutgång

Nootutgang

Det brinner!

Füer!

brandsläckare

Füerlöscher

olycka

Unfall

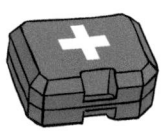

förbandslåda

Noothölpkoffer

SOS

SOS

polis

Polizei

Europa

Europa

Nordamerika

Noordamerika

Sydamerika

Süüdamerika

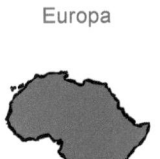

Afrika

Afrika

Asien

Asien

Australien

Australien

Atlanten

Atlantik

Stilla Havet

Pazifik

Indiska Oceanen

Indisch Weltmeer

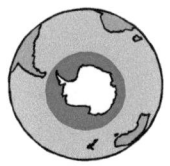

Antarktiska Oceanen

Antarktisch Weltmeer

Arktiska Oceanen

Arktisch Weltmeer

Nordpol

Noordpol

Sydpol

Süüdpol

Antarktis

Antarktis

Jorden

Eerd

land

Land

hav

See

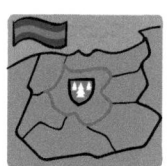

ö

Eiland

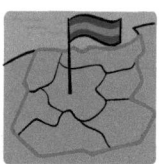

nation

Natschoon

stat

Staat

urtavla

Tallenblatt

timvisare

Stunnenwieser

minutvisare

Minutenwieser

sekundvisare

Sekunnenwieser

Vad är klockan?

Wo laat is dat?

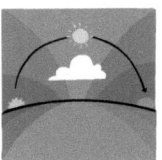

dag

Dag

tid

Tiet

nu

nu

digital klocka

digetaalsch Klock

minut

Minuut

timme

Stunn

vecka

Week

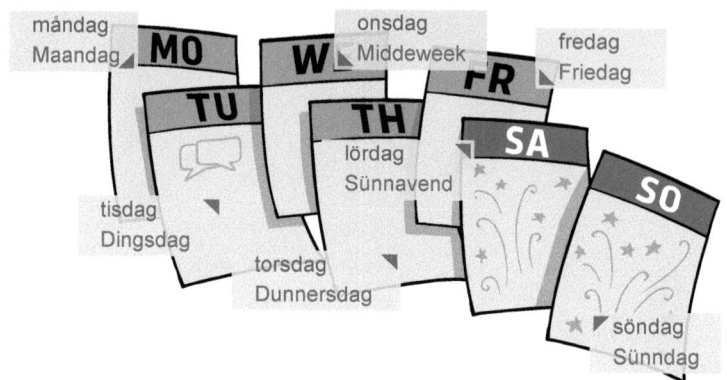

igår	idag	imorgon
güstern	hüüt	morgen
		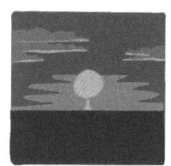
morgon	middag	kväll
Morgen	Meddag	Avend

	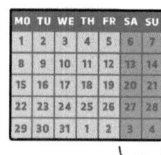
vardagar	helg
Arbeitsdaag	Wekenenn

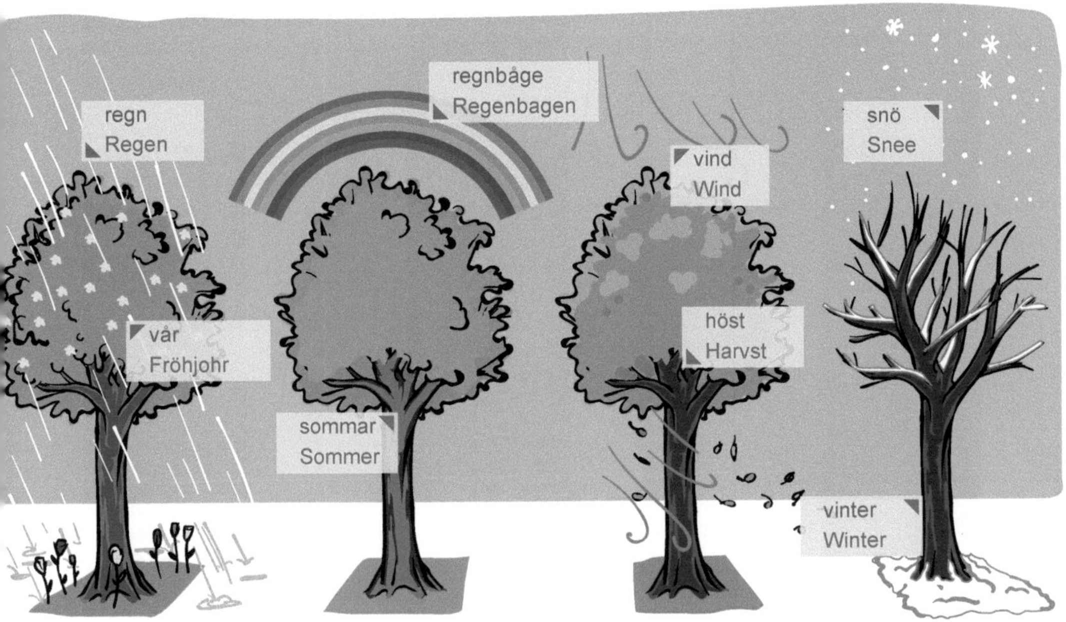

regn
Regen
regnbåge
Regenbagen
vind
Wind
snö
Snee
vår
Fröhjohr
höst
Harvst
sommar
Sommer
vinter
Winter

4.APRIL 11°
5.APRIL 4°
6.APRIL 13°
7.APRIL 8°
8.APRIL 10°

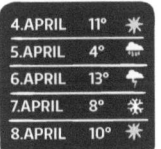

väderprognos

Wedervörhersaag

F
C

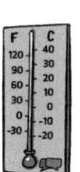

termometer

Thermometer

solsken

Sünnenschien

moln

Wulk

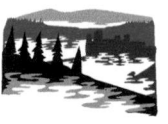

dimma

Nevel

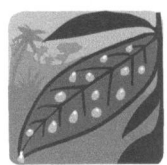

luftfuktighet

Luftfuchtigkeit

blixt

Blitz

åska

Dunner

storm

Storm

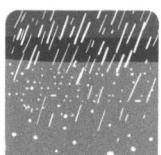

hagel

Hagel

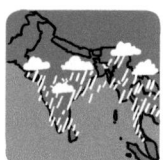

monsun

Monsun

översvämning

Floot

is

Ies

januari

Januormaand

februari

Februormaand

mars

Martmaand

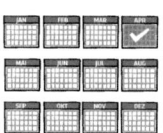

april

Aprilmaand

maj

Maimaand

juni

Junimaand

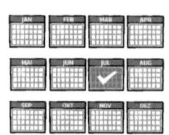

juli

Julimaand

augusti

Augustmaand

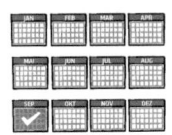

september
....
Septembermaand

oktober
....
Oktobermaand

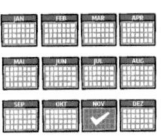

november
....
Novembermaand

december
....
Dezembermaand

former
Formen

cirkel
....
Krink

kvadrat
....
Quadrat

rektangel
....
Rechteck

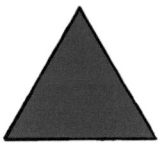

triangel
....
Dreeeck

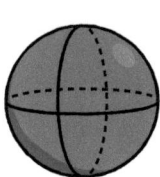

sfär
....
Kugel

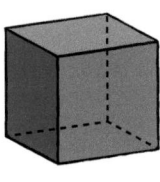

kub
....
Wörpel

vit

witt

gul

geel

orange

orangsch

rosa

pink

röd

root

lila

lila

blå

blau

grön

gröön

brun

bruun

grå

gries

svart

swart

mycket / lite
....
veel / wenig

arg / lugn
....
böös / verdreeglich

vacker / ful
....
smuck / mies

början / slut
....
Begünn / Enn

stor / liten
....
groot / lütt

ljus / mörk
....
hell / düüster

bror / syster
....
Broder / Süster

ren / smutsig
....
schier / schietig

komplett / ofullständig
....
kumpleet / nich kumpleet

dag / natt
....
Dag / Nacht

död / levande
....
doot / lebennig

bred / smal
....
breet / small

ätlig / oätlig

geneetbor / nich geneetbor

ond / god

böös / fründlich

upphetsad / uttråkad

fickerig / langwielt

tjock / smal

dick / dünn

först / sist

toeerst / toletzt

vän / fiende

Fründ / Fiend

full / tom

vull / leddig

hård / mjuk

hart / week

tung / lätt

swoor / licht

hunger / törst

Smacht / Döst

sjuk / frisk

krank / gesund

olaglig / laglig

nich na't Recht / na't Recht

intelligent / dum

klook / dummerhaftig

vänster / höger

linkerhand / rechterhand

nära / långt bort

neeg / feern

ny / begagnad

nieg / bruukt

inget / något

nix / wat

gammal / ung

oolt / jung

på / av

an / ut

öppen / stängd

apen / slaten

tyst / högljudd

lies / luut

rik / fattig

riek / arm

rätt / fel

richtig / verkehrt

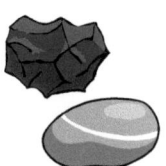

grov / slät

ruug / glatt

ledsen / glad

trurig / glücklich

kort / lång

kort / lang

långsam / snabb

suutje / flink

våt / torr

natt / dröög

varm / sval

warm / köhl

krig / fred

Krieg / Freden

0	**1**	**2**
noll	ett	två
null	een	twee

3	**4**	**5**
tre	fyra	fem
dree	veer	fief

6	**7**	**8**
sex	sju	åtta
söss	söven	acht

9	**10**	**11**
nio	tio	elva
negen	teihn	ölven

12

tolv
twölf

13

tretton
dörteihn

14

fjorton
veerteihn

15

femton
föffteihn

16

sexton
sössteihn

17

sjutton
söventeihn

18

arton
achtteihn

19

nitton
negenteihn

20

tjugo
twintig

100

hundra
hunnert

1.000

tusen
dusend

1.000.000

miljon
million

engelska

Engelsch

amerikansk engelska

Amerikaansch Engelsch

kinesisk mandarin

Chineesch Mandarin

hindi

Hindi

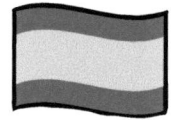

spanska

Spaansch

franska

Franzöösch

arabiska

Araabsch

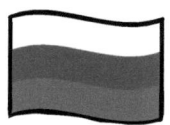

ryska

Rusch

portugisiska

Portugiesch

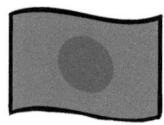

bengali

Bengaalsch

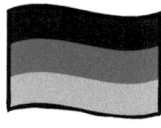

tyska

Düütsch

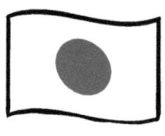

japanska

Japaansch

jag

ik

du

du

han / hon / den (det)

he / se / dat

vi

wi

ni

ji

de

se

vem?

keen?

vad?

wat?

hur?

woans?

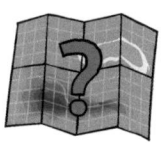

var?

woneem?

när?

wannehr?

namn

Naam

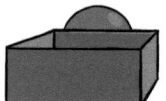

bakom

achter

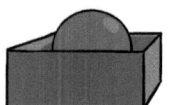

i

in

framför

vör

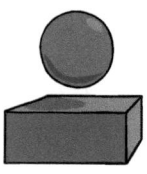

över

över

på

op

under

ünner

bredvid

blangen

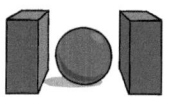

mellan

twüschen

plats

Oort